LE LORGNON,

COMÉDIE-VAUDEVILLE EN UN ACTE,

PAR

M. SCRIBE;

Représentée pour la première fois, à Paris, sur le théâtre du Gymnase Dramatique.
le 21 décembre 1833.

DISTRIBUTION DE LA PIÈCE :

ALCÉE DE WELIBACK, baron allemand.....	M. PAUL.
REYNOLDS, son ami	M. ALLAN.
ALIX, sœur de Reynolds.................	Mlle HABENECK.
CHRISTIAN, } amis d'Alcée.	{ M. DAVESNE.
HENRI, }	{ M. RHOZEVIL.
	M. DOISY.
LE COMTE ALBERT, seigneur étranger........	M. FERVILLE.
BIRMAN, intendant d'Alcée..............	M. NUMA.
MINA, fille de Birman...................	Mme ALLAN-DESPRÉAUX.

JEUNES GENS, amis d'Alcée et de Reynolds.
PIQUEURS et DOMESTIQUES d'Alcée.

La scène se passe en Bohême, dans un château appartenant à Alcée.

Le théâtre représente le jardin du château. Sur le premier plan, à droite de l'acteur, un pavillon : à gauche, et sur le devant, une table de pierre sous un berceau de feuillage.

SCÈNE I.

Au lever du rideau, ALCÉE, CHRISTIAN et REYNOLDS, assis autour de la table de pierre à gauche, fument, boivent et chantent *.

AIR : Enfants de la folie, chantons.

ENSEMBLE.

L'amitié dont j'honore
  Les lois,
Nous unit, dès l'aurore,
  Tous trois.
Souvent l'amour désole
  Nos jours ;
Mais l'amitié console
  Toujours.

DEUXIÈME COUPLET.

Bravant de la fortune
  Les coups,
Même chance est commune
  Pour nous.
Chagrins, plaisirs, orage.
  Beaux jours,
Que l'amitié partage
  Toujours.

*Les acteurs sont placés en tête de chaque scène comme ils doivent l'être au théâtre : le premier inscrit tient toujours la gauche du spectateur, ainsi de suite.

ALCÉE, à Reynolds.

Et ta sœur, la belle Alix ?

REYNOLDS.

Viendra plus tard avec ces dames ; car, quoiqu'elle soit ta prétendue, elle ne pouvait pas venir seule... dans ton château... chez un garçon...

ALCÉE.

Garçon... jusqu'à demain... car demain la noce.

REYNOLDS.

Certainement.

CHRISTIAN.

Un beau mariage !... épouser le plus aimable baron et le plus beau château de la Bohême.

(Ils se lèvent et viennent sur le devant du théâtre*.)

REYNOLDS.

C'est ce qui me désole, car je suis bon frère ; et moi qui ai mangé ma fortune... il m'est pénible de te voir épouser ma sœur sans dot ! Ce n'est pas ma faute... c'est celle de mon oncle !... Un oncle à succession, qui ne veut pas mourir... ça dépend de lui... mais c'est un mau-

* Christian, Alcée, Reynolds.

vais parent, qui n'a jamais rien fait pour sa famille.

ALCÉE.

Console-toi... Ce régiment que tu dois demander pour moi au duc d'Arnheim, ton protecteur, ne vaut-il pas une dot?

REYNOLDS.

Il me l'a promis du moins... et après tout ce que je te dois...

ALCÉE.

N'est-ce pas moi qui suis ton débiteur?... Quand tu me donnes ta sœur Alix, que j'aime... dont je suis aimé... je suis trop heureux, en assurant sa fortune, de resserrer encore les liens qui m'attachaient à un ancien camarade de collège.

REYNOLDS.

A un ami.

CHRISTIAN, vivement.

Qui n'est pas le seul... car, bien avant ton opulence, tu te souviens qu'à l'Université de Prague...

ALCÉE.

C'est vrai; vous m'aimiez tous : j'avais du bonheur... Je n'obtenais pas dans mes études des succès bien brillants; mais, grace au ciel, n'ayant jamais eu dans le cœur, ni ambition, ni jalousie, je n'étais ni le rival, ni l'ennemi de personne... Vos succès étaient les miens, ainsi que vos peines... J'étais le confident, l'allié de tout le monde ; et chacun venait à moi, en disant : « Il n'est pas fort; mais il est bon enfant. »

REYNOLDS.

Laisse donc.

ALCÉE.

AIR : Ah! que c'est beau! (de LA PETITE LAMPE MERVEILLEUSE.)

Oui, mes amis (*bis*), quoi qu'on en dise,
On trouve encor chez les mortels
L'amitié, l'honneur, la franchise ;
Ils sont tous bons... je les crois tels.
Mon ame à la leur se confie ;
Et si plus tard leur perfidie
Me trahit, moi, qui crois en eux...
Tant pis pour eux,
Pour moi tant mieux.
Ceux qui se trompent sont heureux.
Oui, voilà le secret d'être heureux.

DEUXIÈME COUPLET.

Demain l'hymen (*bis*) enfin m'enchaine
Au seul objet de mes amours.
Sa volonté sera la mienne,
Et nous n'aurons que de beaux jours (*bis*)
Mais s'il survenait en ménage
Quelque doute, quelque nuage...
Je dirais, me fiant aux cieux :
Fermons les yeux,
Tout ira mieux.
Ceux qui se trompent sont heureux.
Oui, voilà le secret d'être heureux.

REYNOLDS.

Et tu as raison, car voilà notre ami Chris-

tian, le jeune conseiller aulique, qui, sans en rien dire, adorait aussi ma sœur Alix.

ALCÉE.

O ciel!

REYNOLDS.

Mais dès qu'il a su que tu l'aimais, que tu voulais l'épouser... il s'est retiré sur-le-champ, et a imposé silence à une passion secrète, dont moi seul et ma sœur avions connaissance.

ALCÉE.

Est-il possible! quelle générosité!... Eh bien que vous disais-je tout-à-l'heure?... Et après un tel sacrifice, comment ne pas croire à l'amitié, à toutes les vertus?... Oui, j'y crois... je m'en sens capable... et avec une telle maitresse et de tels amis... je m'estime maintenant l'homme du monde le plus heureux!... Christian, Reynolds! embrassez-moi.

CHRISTIAN.

Et de grand cœur.

REYNOLDS.

Ce diable d'Alcée est vraiment bon enfant.

SCÈNE II.

LES PRÉCÉDENTS, BIRMAN, MINA.

ALCÉE.

Eh! c'est mon cher Birman... Un brave intendant... un ancien serviteur de mon père, que j'ai l'honneur de vous présenter, ainsi que sa fille, la gentille Mina, ma sœur de lait!

CHRISTIAN.

Ah! il a un intendant!

REYNOLDS.

Et un honnête homme!

ALCÉE.

Toujours la suite du même bonheur.

AIR du Piège.

Intendant vertueux et pur,
Celui-là, fidèle et sensible,
Ne me vole pas, j'en suis sûr.

REYNOLDS.

Comme le mien.

CHRISTIAN.

Est-il possible?

REYNOLDS.

Oui, maintenant, honnête homme à regret,
Je le défie, hélas! de me rien prendre...
Pour me voler quelque chose, il faudrait
Qu'il commençat par me le rendre.

ALCÉE, à Birman.

Qui t'amène, mon vieil ami*?

BIRMAN.

Je venais, monsieur le baron, avec ma fille Mina, qui voulait vous faire compliment sur votre prochain mariage. (A Mina.) N'est-ce pas?

____

* Christian, Alcée, Birman, Mina, Reynolds.

MINA.

Oui, mon père.

BIRMAN.

Et puis, en même temps, vous annoncer le
en...

(Il la prend par la main, et la fait placer auprès d'Alcée.)

ALCÉE, la regardant avec affection.

Quoi! Mina, tu vas te marier!...Heureux celui
que tu choisis!... Il peut se vanter d'épouser
une jolie fille, et de plus, d'avoir une bonne et
honnête femme... Et c'est à moi, ton frère et
ton ami d'enfance, que tu viens d'abord en
faire part... Je t'en remercie... je me charge de
dot... Dix mille florins !

MINA, vivement.

Et moi, je n'en veux pas !

ALCÉE.

Et pourquoi !

MINA, embarrassée.

Mais c'est qu'il semblerait que c'est pour cela
que je suis venue.

BIRMAN.

Du tout... monseigneur connaît ton désinté-
ressement et le mien... J'accepte! parce que
pour être intendant, on n'est pas millionnaire...

REYNOLDS.

C'est juste.

ALCÉE.

Et quel est le prétendu?

BIRMAN.

Un bon parti... un riche brasseur... maître
hoster, qui a de l'amour et des écus gros comme
lui... ce qui n'est pas peu dire.

AIR : Tout ça passe.

Les Hollandais sont constants,
C'est d'abord un avantage.

REYNOLDS.

Lorsque l'on pèse cinq cents,
Le moyen d'être volage ?

BIRMAN.

Son crédit est des plus grands,
Et, chez lui, soins et tendresse,
Sentiments, bière et richesse,
Tout ça mousse (bis) en même temps. } bis.

Aussi je crois que ce garçon-là ne déplait pas
à ma fille.

MINA, voulant le faire taire.

Mon père !

BIRMAN.

C'est elle qui me l'a dit... Et à l'entendre, il
fallait et vite et vite hâter le mariage... ou tout
était perdu...

ALCÉE, souriant.

Est-il possible !

MINA, avec dépit.

Ce n'est pas vrai!... Qu'il me plaise ou non...
cela ne regarde personne... On ne vous le demande pas! et rien que ce que vous venez de
dire est capable de redoubler encore mon anti-
pathie... Voilà ce qu'il y aura gagné... Tant
mieux pour lui... ça sera bien fait !...

ALCÉE.

Qu'est-ce que c'est?... tu l'épouses par anti-
pathie...

MINA, vivement.

Je n'ai pas dit cela, monseigneur, c'est mon
père qui avec ses suppositions... De quoi se
mêle-t-il... de vous ennuyer de tout cela ?...
Au moment où vous allez être heureux... où
vous attendez votre prétendue... où vous ne
pensez qu'à elle... aller vous occuper de nous,
de nos affaires... c'est si inconvenant... que j'en
rougis pour lui, et que j'en pleurerais presque...

BIRMAN.

Elle est en colère... de ce que je l'ai trahie...

MINA, se contenant à peine et à part.

Oh ! mon Dieu ! mon Dieu !... (Haut.) Venez,
mon père, partons...

ALCÉE, la retenant.

Non pas !... Je veux que tu restes au château
aujourd'hui... et demain que tu assistes à mon
mariage...

MINA, toute troublée.

Ah ! monseigneur...

ALCÉE.

En revanche, j'assisterai au tien.

MINA, d'un air suppliant.

Oh! non, non.... je vous en supplie !... ça
ne se pourrait pas ! C'est trop d'honneur !...

BIRMAN.

Qu'est-ce que cela fait ?... j'aime les hon-
neurs... je suis comme cela; et si monsieur le
baron et madame la baronne... justement la
voici !...

ALCÉE, avec joie.

Alix !

REYNOLDS, allant au-devant d'elle.

Ma chère sœur !

(Alcée et Christian vont aussi au-devant d'Alix.)

MINA, vivement et entraînant Birman.

Oh! venez, venez, mon père... ce n'est
plus notre place; et nous ne pouvons pas res-
ter ici.

(Elle sort avec Birman par la gauche.)

SCÈNE III.

CHRISTIAN, ALCÉE, ALIX, REYNOLDS,
UNE DAME, HENRI.

(Alix, la Dame et Henri entrent par le fond. — Alix est
habillée en amazone.)

ALIX.

AIR : Lorsque la tempête (du SERMENT).

La froide sagesse
Marche lentement ;
Folie et jeunesse
S'élancent gaîment.
Gare ! gare ! place !
Et quand le plaisir,
De loin dans l'espace,
À nous vient s'offrir.

Vite, vite,
A sa poursuite !
Plaisir d'aujourd'hui
Aura bientôt fui...
Vite, vite,
A sa poursuite !
Pour l'atteindre, courons plus vite
Que lui !

TOUS EN CHOEUR.

Vite, vite,
A sa poursuite !
Etc., etc., etc.

REYNOLDS.

DEUXIÈME COUPLET.

Quand une heure entière,
Dans un gai festin,
J'ai vidé mon verre
Plein du même vin,
Toute la semaine,
D'amour dévoré,
Près d'une inhumaine,
Quand j'ai soupiré...
Vite, vite,
Changeons vite ;
Voyez-vous d'ici
Arriver l'ennui.
Vite, vite,
Qu'on l'évite !
Pour fuir l'ennui, courons plus vite
Que lui.

TOUS EN CHOEUR.

Vite, vite,
Changeons vite ;
Etc., etc., etc.

ALCÉE, à Alix.

Est-il possible de se faire attendre ainsi ?

ALIX.

C'est vrai... je suis bien en retard... C'est
que je suis venue à cheval.

ALCÉE.

Ah ! c'est pour cela...

ALIX.

Oui ; parcequ'avec mon cousin Henri, qui
m'a escortée, nous avons préludé, dans votre
parc, à une course que nous achèverons après
déjeuner... un pari de deux cents florins.

ALCÉE.

J'en suis.

ALIX.

J'y compte bien... Une course au clocher.

ALCÉE.

A l'anglaise.

ALIX.

Non... à la française... Les courses... les
paris, les barrières à franchir, tout cela est
français maintenant... Et tout ce qui vient de
France est ma passion...

ALCÉE.

Vous me faites trembler, moi qui ai le malheur d'être Allemand...

ALIX.

Pour vous il y a exception ! Les prétendus

ont des priviléges... et puis, une fois mariés,
nous irons à Paris... je ne consens qu'à cette
condition...

ALCÉE.

C'est convenu... Une fois mariés ! à vous de
commander... à moi d'obéir.

ALIX, souriant.

Vous le voyez !... déja à la française... C'est
très bien.

REYNOLDS, à Alix.

Si, avant d'aller à Paris, madame la baronne
voulait se mettre à table... mon estomac et celui
de ces messieurs lui en sauraient un gré infini.
(A Alcée.) Fais donc servir le déjeuner. (Alcée
donne un ordre à son piqueur, qui sort par le fond
droite.)

ALIX.

Vous, Reynolds, vous avez toujours été
gourmand !... C'est votre passion !

REYNOLDS.

Chacun la sienne.

AIR du Vaudeville de la Famille de l'Apothicaire.

La gloire ne dure qu'un jour,
Un jour voit se flétrir la rose,
Un jour voit expirer l'amour ;
Mais l'appétit, c'est autre chose :
Qu'il meure aujourd'hui ! chère Alix,
Demain encor va me le rendre ;
Et des plaisirs c'est le phénix,
Car seul il renait de sa cendre.

ALIX.

Quelle éloquence !

REYNOLDS, à Alcée.

Mais à propos de phénix... où est donc cet
original à qui tu as donné l'hospitalité... cet
étranger... ce savant professeur... ou ce prince
déguisé ?... est-ce qu'il ne descend pas déjeuner ?

ALCÉE.

Non... je l'ai prévenu que nous devions
déjeuner dans ce jardin, avec des dames char-
mantes... des jeunes gens très aimables... et il
m'a répondu qu'alors...

ALIX.

Eh bien ?

ALCÉE.

Il aimait mieux déjeuner seul dans sa chambre...

ALIX.

C'est très galant... Et quel est ce monsieur-là ?

ALCÉE.

Je n'en sais rien... Il se fait nommer le comte
Albert...

ALIX.

Et son état, sa famille...

ALCÉE.

Je ne les connais pas...

ALIX.

Et vous le recevez...

ALCÉE.

Il l'a bien fallu... Ce diable d'homme a quelque chose qui vous attire, qui vous attache à

lui... D'abord, ce n'est pas un homme ordi-
naire... il a une érudition inconcevable... toutes
les sciences lui sont familières, et en mathé-
matiques, en physique, en chimie, il n'y a
pas un seul de nos professeurs de l'Université
qui, auprès de lui, ne se regardât comme un
écolier...

ALIX, avec admiration.

En vérité!... (Froidement.) Ce doit être alors
un monsieur bien ennuyeux...

ALCÉE.

C'est ce qui vous trompe! Sa conversation
est très amusante... très piquante... quand il
consent à parler, ce qui ne lui arrive pas
toujours...

ALIX.

Et comment se trouve-t-il chez vous?

ALCÉE.

Si je vous le raconte, vous allez vous mo-
quer de moi.

ALIX, avec impatience.

N'importe.

AIR : Prenons d'abord l'air bien méchant.

Allons, parlez, je vous attends.

REYNOLDS.

D'abord, ma sœur est des plus vives,
Et, fût-ce même à tes dépens,
Tu dois amuser tes convives.
Oui, c'est une dette d'honneur :
Un amphitryon véritable
Doit se charger de leur bonheur (*bis*)
Tout le temps qu'ils sont à sa table (*bis*).

(Pendant ce couplet, deux domestiques ont apporté la
table, qu'ils ont placée sur le devant du théâtre, et autour
de laquelle ils ont mis des chaises.)

ALCÉE, souriant.

C'est juste... et je vais vous conter tout cela
à table.

(Alcée, ses amis et les dames prennent place à table*.)

REYNOLDS.

Eh bien?

ALCÉE.

J'étais hier à Tœplitz, où j'avais visité une
propriété à moi; et je dinais dans la maison
des bains... Un groupe de jeunes gens et de
jeunes dames se montraient en riant un original d'une soixantaine d'années, assis dans
un coin du salon, et coiffé à la Louis XIV.

ALIX, riant.

A la Louis XIV! Voilà qui me raccommode
avec lui... je ne pourrais, à sa vue, retenir un
éclat de rire.

ALCÉE.

C'est ce que faisait aussi notre joyeuse so-
ciété!... à ce bruit l'étranger lève sa tête...

ALIX, riant toujours.

Sa tête à la Louis XIV...

ALCÉE.

Oui sans doute! Et regardant tout le monde
avec un mauvais petit lorgnon qui ne le quitte

* Alcée. Alix. Christian, une Dame. Henri. Reynolds.

jamais, il passe devant eux, sans les saluer, et
vient droit à moi.. me tend la main, comme
s'il me connaissait depuis long-temps, et me
dit : « Vous partez ce soir, monsieur le baron ; »
ce qui était vrai, quoique je ne l'eusse annoncé
à personne, pas même à mon domestique...
« Voulez-vous bien, continue-t-il, que nous
« fassions route ensemble? » Je m'inclinai, j'ac-
ceptai, et nous voilà cheminant, l'un près de
l'autre, à cheval... lui causant, et moi tellement
séduit par le charme de sa conversation, que
je ne pensais plus à mon coursier, et le laissais
aller si doucement, qu'à la nuit tombante,
nous étions encore à six grandes lieues d'ici...
il était trop tard pour continuer notre route,
et nous nous arrêtâmes à l'hôtel de l'Aigle-d'Or.

REYNOLDS.

Chez Herman... un ivrogne! chez qui l'on
dine bien... je le connais...

ALCÉE.

L'auberge était en rumeur... tous les gens
du pays, nobles et bourgeois, avaient mis à
une loterie, pour un riche domaine... un
superbe château des environs; et l'on attendait
le courrier de Vienne, qui devait passer dans
la nuit et annoncer le numéro gagnant... Mais
avant son arrivée, il se faisait un commerce,
un échange de billets, qui augmentaient ou
diminuaient de valeur, selon le plus ou moins
de chances que le porteur y attachait... On
nous en offrit une douzaine à deux ou trois
florins... Et mon compagnon de voyage, les
regardant avec son lorgnon, me dit : « Mon
« jeune ami, tenez-vous à gagner ce beau do-
« maine? » — Ma foi non, lui répondis-je, je me
trouve bien assez riche, et n'en veux pas davantage. Il me regarda bien en face, comme pour
s'assurer si je disais la vérité; puis, d'un air
satisfait, il ajouta : — « C'est bien, n'y pensons
« plus; mais voilà » et il m'en montrait un du
doigt, « le billet qui gagnera; le numéro 23
« de la quarante-deuxième série. »

REYNOLDS.

Par exemple... nous saurons si le savant a
dit vrai, et la gazette de ce matin...

ALCÉE.

Ce n'est pas la peine de la regarder... Nous
venions de rentrer dans notre chambre, et
allions nous coucher, lorsque Herman, le maitre
de l'auberge, frappa à notre porte à coups
redoublés, et nous vimes entrer un homme
hors de lui, en délire... Il avait entendu, en nous
servant à table, ce que me disait mon compagnon; il avait acheté trois florins le billet que
j'avais refusé... le numéro 23 avait gagné!

TOUS.

O ciel!

ALCÉE.

Et Herman, simple aubergiste, se trouvait
propriétaire d'un des plus beaux domaines de
la Bohème...

REYNOLDS.

C'est fort heureux pour lui.

ALCÉE.

C'est ce que je pensais... C'est fort malheureux pour lui, me dit mon compagnon de voyage... car demain, Herman aura perdu plus qu'il n'a gagné. Et il ordonna à mon domestique de faire nos paquets et de seller nos chevaux, pour partir sur-le-champ. — Y pensez-vous? m'écriai-je; au milieu de la nuit? — Restez si vous voulez... moi, je quitte cette auberge. — Et pourquoi? — Parceque, étourdis de son bonheur, Herman et ses amis boiront toute la nuit, s'enivreront... mettront le feu à la maison, qui brûlera avec lui et tout ce qu'elle renferme...

REYNOLDS, riant.

Ah!... ah!... j'y suis... ton étranger est un visionnaire... un illuminé, comme nous en avons tant en Allemagne.

ALIX.

Ou tout bonnement un fou... qui aura rencontré par hasard le numéro gagnant...

REYNOLDS.

Parbleu!... il faut bien que quelqu'un gagne... mais pour le reste...

ALCÉE.

Vous avez raison... je pense comme vous, cela n'a pas le sens commun... Eh bien! il y a quelqu'un au monde encore plus extravagant que lui... c'est moi, qui comme fasciné et subjugué par son sang-froid et son aplomb, ai eu la bonhomie de le suivre... par un temps affreux; et d'arriver au milieu de la nuit, au risque de me rompre le cou, dans ce château, où j'ai offert à mon compagnon de route un lit qu'il a accepté...

REYNOLDS.

Bravo! Et comme tu le disais, si l'un de vous deux a le cerveau malade... ce n'est pas lui... Messieurs, je demande que nous buvions à la santé d'Alcée, qui m'inquiète beaucoup...

ALCÉE.

Je ne demande pas mieux...

REYNOLDS.

A condition que ce sera avec du champagne...

ALCÉE, appelant.

Birman! Birman!... (Birman paraît et vient à la droite d'Alcée.) Où est donc Frantz le sommelier?

BIRMAN.

Le voilà qui vient de la ville.

ALCÉE.

Depuis ce matin!... il y a mis le temps.

BIRMAN.

C'est vrai... il est en retard... mais cela vient d'un malheur affreux... en passant ce matin à six lieues d'ici, à l'Aigle-d'Or... chez Herman l'aubergiste...

TOUS.

Eh bien?

BIRMAN.

La maison était en feu!...

TOUS.

O ciel!...

BIRMAN.

Frantz s'est arrêté, comme tout le monde qui était là, pour porter des secours... mais tout a été inutile... Herman a péri... et l'on dit même que quelques voyageurs qui s'étaient arrêtés chez lui...

TOUS.

Air : Je n'y puis rien comprendre (de LA DAME BLANCHE).

> C'est quelque sortilége...
> Du sort qui le protége
> Je reste confondu...
> Mais par quel privilége
> Ce malheur fut-il prévu?

SCÈNE IV.

LES PRÉCÉDENTS, LE COMTE ALBERT, entrant par la porte du pavillon.

LE COMTE, s'adressant à Alcée.

Bonjour, mon cher hôte...

ALCÉE.

C'est lui!...

TOUS, stupéfaits, se levant *.

Grand Dieu !

LE COMTE, les saluant.

Bonjour, mesdames et messieurs... (Les regardant avec son lorgnon.) Eh bien ! qu'avez-vous donc?... Voilà un joyeux déjeuner... une orgie bien silencieuse et bien raisonnable... (S'avançant près d'Alix.) Et vous, ma jolie demoiselle... la charmante prétendue de mon ami Alcée... comment, vous ne riez pas de ma coiffure à la Louis XIV?

(Les domestiques enlèvent la table, et la placent vers le fond, un peu à gauche.)

ALIX, troublée **.

Monsieur!...

LE COMTE, froidement.

Vous êtes la première!... et cela me donne la meilleure opinion de votre gravité... (A Alcée, qui est à sa droite.) Comment mon compagnon de voyage a-t-il passé la nuit?

ALCÉE.

Fort bien... mais ce pauvre Herman en a passé une bien mauvaise.

LE COMTE.

Je l'apprends comme vous à l'instant...

ALIX.

Mais hier, comment le saviez-vous?

LE COMTE.

Je ne le savais pas... je le présumais, d'après son caractère connu!... Chez un tel homme, quand l'ivresse du vin se joint à celle de la fortune, et lui monte la tête, il est facile de

* Alcée, le Comte, Alix, Reynolds, Christian, la Dame, Henri.

** Alcée, le Comte, Alix, Reynolds, Christian, Henri

révoir les suites... Folie, ruine, désastre ..
C'est immanquable... l'on peut toujours à coup
sûr tirer un pareil horoscope...

(Pendant que le Comte parle à Alix, Reynolds, Christian
et Henri vont se remettre à table.)

ALIX.

Quoi ! la raison seule et la prudence vous
avaient fait deviner?...

LE COMTE.

Oui, mademoiselle...

ALIX.

Oh! alors... c'est bien moins curieux... et il
y a plus rien d'extraordinaire.

(Le Comte s'éloigne un peu, et revient auprès du pavillon
à droite.)

ALCÉE.

Je ne suis pas de votre avis! et s'il en était
insi, je trouverais au contraire...

ALIX.

Quoi donc?

ALCÉE, souriant.

Rien... j'allais déraisonner à propos de sagesse... et dans un déjeuner de garçons, il ne
s'agit pas de discussions...

(Il s'approche de la table, où sont déja ses amis, et prend
un verre.)

REYNOLDS.

Il s'agit de champagne... Allons, messieurs,
je porte le premier toast... au mariage de ma
sœur et de mon ami Alcée!...

TOUS, buvant.

Vivat!

REYNOLDS, levant encore son verre.

A l'amour et à l'amitié!

TOUS.

A l'amitié!

(Ils trinquent tous ensemble et forment un groupe à
gauche. Le Comte, assis à droite, les regarde avec son
lorgnon. Les dames sont assises sur le devant à gauche.)

ALCÉE, avec feu.

Oui, mes amis... amour et amitié éternels...
(Se retournant, et apercevant le Comte qui les regarde
toujours en secouant la tête.) Eh! mais, qu'avez-
vous donc?...

LE COMTE.

Pardon... vous avez dit, je crois, éternel...
et à votre âge ce mot-là me fait toujours rire...

ALCÉE.

Quoi, monsieur, vous ne croyez pas à l'a-
mour... à l'amitié?...

LE COMTE.

Si vraiment... comme je crois au vin de
Champagne... C'est le même feu... la même
impétuosité... et la même durée... Regardez
bien... (A Reynolds qui tient une bouteille.) Je crois
que votre bouteille est déja finie...

REYNOLDS, la regardant.

Tant mieux !... on en prend une seconde...

LE COMTE.

C'est le mot le plus raisonnable que vous

ayez dit... Oui, jeune homme, une seconde...
qui passera aussi vite que la première...

REYNOLDS.

C'est un épicurien que ce savant-là... et
nous serons bien ensemble... Allons, messieurs, encore un toast...

ALCÉE, élevant son verre et regardant le Comte.

AIR : A boire je passe ma vie.

Buvons à la philosophie !

CHRISTIAN, de même.

Buvons, dans nos ébats joyeux,
A la magie, à l'alchimie !...

REYNOLDS, de même.

Moi, je vous propose encor mieux :
Du savoir épuisant les chances,
L'une après l'autre, amis prudents,
Buvons à toutes les sciences,
Afin de boire plus long-temps.

Encore un toast !

ALIX, se levant et arrêtant Reynolds.

Non pas !... C'est le dernier toast... car nous
avons notre course dans l'allée du parc... (A
un domestique.) Faites seller les chevaux de votre maître.

LE DOMESTIQUE.

Le gris, ou l'alezan?...

ALCÉE.

L'alezan... c'est le meilleur *...

ALIX.

Sans contredit...

ALCÉE.

Et avec lui je suis sûr de gagner...

LE COMTE.

C'est possible... mais à votre place, je pren-
drais l'autre...

ALIX.

Y pensez-vous!...

ALCÉE.

Vous croyez que celui-là remportera le prix?

CHRISTIAN.

Cela n'a pas le sens commun, et tu perdras
le pari.

ALCÉE.

N'importe; et quoi qu'il arrive, je veux aujourd'hui suivre ses avis jusqu'au bout... Je
monterai le cheval gris.

HENRI.

Moi, l'alezan.

ALCÉE.

J'ai confiance.

(Les domestiques emportent la table.)

REYNOLDS.

AIR : Bons Voyageurs (du SERMENT.)

Hardi coureur,
Au champ d'honneur
On nous appelle, on nous défie ;
Hardi coureur,
Au champ d'honneur
Nous verrons qui sera vainqueur

(Le Comte. Alcée. Alix. Reynolds. Christian, Henri.

ALCÉE.

Il l'a prédit, je serai le premier.

REYNOLDS.

Tu resteras en chemin, je parie,
Si, pour lancer et guider ton coursier,
Tu n'as pour toi que la philosophie.

TOUS EN CHOEUR.

Hardi coureur,
Au champ d'honneur
On nous appelle, on nous défie ;
Hardi coureur,
Au champ d'honneur
Nous verrons qui sera vainqueur.

(Alcée donne la main à Alix ; ils sortent par le fond à
droite ; tous sortent avec eux, excepté le Comte et Reynolds.)

SCÈNE V.

LE COMTE, REYNOLDS.

REYNOLDS.

Eh bien ! ils ont emporté la table !... Au
diable les paris et les courses... ma sœur avec
ses goûts équestres est cause que notre déjeuner n'a pas été achevé... heureusement je
me rattraperai demain sur le repas de noce...
qui ne peut pas m'échapper, celui-là...

LE COMTE, secouant la tête.

Il a cependant bien manqué être ajourné...

REYNOLDS, effrayé.

Ne plaisantons pas !... Est-ce qu'il y aurait
quelque obstacle... quelque retard ?

LE COMTE.

Hé... hé... cela a tenu à bien peu de chose...
Si Alcée avait monté le cheval alezan...

REYNOLDS.

Qu'est-ce que cela signifie ?

LE COMTE.

Que ce cheval-là doit aujourd'hui jeter par
terre son cavalier !...

REYNOLDS.

Ah ! mon Dieu !... Et ma sœur qui voulait
me le faire prendre... heureusement que cela
est tombé sur ce pauvre Henri, mon ami in-
time... Et s'il doit être tué...

LE COMTE, froidement.

Nullement... mais, par exemple, il se brisera
une côte... la troisième du coté gauche...

REYNOLDS, riant.

La troisième... et moi qui vous écoute là
tranquillement... Ah ! ça, mon cher monsieur,
vous voulez rire... on vous perdez la tête...

LE COMTE, froidement.

C'est possible...

REYNOLDS.

C'est sûr !... sans cela je courrais à l'instant...

LE COMTE, de même.

Vous auriez tort...

REYNOLDS.

D'empêcher un pareil malheur ?...

LE COMTE.

Ce n'en est pas un... et cet accident-là est
au contraire ce qui pouvait lui arriver de plu
heureux ..

REYNOLDS, riant..

Si, par exemple, vous pouvez me prouver
cela...

LE COMTE.

Rien n'est plus facile.

AIR : Fils imprudent, époux rebelle.

Un rendez-vous ce soir l'appelle
Près d'une femme...

REYNOLDS.

Une affaire de cœur !
Et cette beauté, quelle est-elle ?

LE COMTE.

La femme de son bienfaiteur.

REYNOLDS.

La femme de son bienfaiteur !

LE COMTE.

Or maintenant vous voyez comme
Le ciel qui le protége ici
Lui rend service malgré lui,
En le forçant d'être honnête homme.

REYNOLDS.

Diable de faveur !... Vous croyez que ce
pauvre Henri...? (Éclatant de rire). Et moi qui
l'écoute sérieusement !... si celui-là ne vient pas
de la maison des fous... (Au comte.) Mon cher
ami, ce ne sera rien... et avec quelques bon-
nes douches sur la tête...

SCÈNE VI.

LES PRÉCÉDENTS, ALCÉE*.

ALCÉE, à la cantonade.

Oui... ma grande berline... c'est la plus
douce... et que le docteur l'accompagne et ne
le quitte pas...

REYNOLDS.

Qu'y a-t-il donc ?

ALCÉE.

Une partie de plaisir qui finit bien mal...
Soit maladresse, soit imprudence... ce pauvre
Henri...

REYNOLDS.

Ah mon Dieu !... il est tombé de cheval...

ALCÉE.

Tu le sais donc ?...

REYNOLDS.

Non... je n'ai pas quitté ce salon... c'est
monsieur qui m'a dit...

ALCÉE.

Il nous a fait une peur... nous l'avons cru
tué... Heureusement, et c'est déjà bien assez...
il en sera quitte...

REYNOLDS, regardant le Comte avec étonnement.

Pour une côte enfoncée...

* Alcée, Reynolds, le Comte.

ALCÉE.

Précisément...

REYNOLDS, de même.

La troisième!...

ALCÉE.

Tu l'as donc vu...

REYNOLDS, regardant toujours le Comte.

Nullement... c'est monsieur...

ALCÉE.

Et quand il est revenu à lui... ce qui désolait
le plus ce pauvre Henri... ce n'était pas tant
sa blessure... qu'une autre chose qui lui tenait
plus au cœur...

REYNOLDS.

Ah! mon Dieu!... un rendez-vous!...

ALCÉE.

Ce soir...

REYNOLDS.

Avec une dame de la ville...

ALCÉE.

Il te l'avait donc confié...

REYNOLDS.

En aucune façon... (Montrant le Comte.) C'est
monsieur, qui, sans sortir d'ici, m'a raconté,
il y a un quart d'heure, tout ce qui allait arriver... comme si déjà c'était une affaire faite...
Avec lui, l'avenir a toujours l'air du passé...

ALCÉE, avec émotion et allant au Comte *.

Est-il possible!... C'est donc pour cela tout
à l'heure, ce conseil que vous me donniez...

LE COMTE, froidement.

Conseil que je vous ai donné par hasard,
et qui par l'événement n'était pas si mauvais.

ALCÉE, à part.

Je ne puis en revenir encore. (Au Comte, à
demi-voix.) Monsieur!... monsieur! il faut que
je vous parle... (A Reynolds.) Mon cher ami...
j'apprends à l'instant que le duc d'Arnheim
vient d'arriver à la ville...

REYNOLDS.

Vraiment?... Est-ce encore monsieur qui te
l'a dit?...

LE COMTE, souriant.

Non, monsieur... mais vous pouvez y croire,
la nouvelle est certaine...

ALCÉE, vivement.

Tu l'entends... et ce régiment que tu dois lui
demander pour moi?

AIR de Oui et Non.

En fait de places, tu le sais,
Mon cher, il ne faut pas attendre ;
On les donne aux plus empressés...

REYNOLDS.

Auprès du duc je vais me rendre ;
Mon temps sera bien employé ;
J'y vais... Crois-en mes soins fidèles :
Dès qu'il faut courir, l'amitié,
Come l'amour, porte des ailes.

(Il sort en courant)

* Reynolds, Alcée, le Comte.

SCÈNE VII.

ALCÉE, LE COMTE.

ALCÉE, regardant autour de lui.

Enfin nous sommes seuls... (Allant au Comte.)
Monsieur, voici depuis hier la seconde fois que
je vous dois la vie... ou que du moins vous me
sauvez d'un grand danger... quel pouvoir mys-
térieux et inconnu vous porte à me protéger?
et comment puis-je jamais dans ma reconnais-
sance...

LE COMTE.

Vous ne m'en devez pas... et je n'en attends
aucune.

ALCÉE.

Au nom du ciel, qui êtes-vous? et comment
expliquer un pareil intérêt pour moi, que vous
connaissez à peine?

LE COMTE.

C'est ce qui vous trompe... je vous connais
beaucoup... Je n'avais pas encore rencontré
une ame aussi pure, aussi franche, aussi
loyale... et, en vous apercevant, je me suis
dit : Voilà le premier... voilà le seul que je voudrais pour ami... si toutefois je pouvais en
avoir!...

ALCÉE.

Et qui vous dit que vous ne vous êtes pas
abusé?... pouvez-vous lire en mon cœur?...
pouvez-vous savoir ce qui s'y passe?

LE COMTE.

Peut-être!...Qui sait où s'arrêtera la science?
et qui pourrait assigner les limites du possible?
Moi, je connais quelqu'un qui, après bien des
jours, bien des nuits de travaux assidus, est
parvenu, et sans en être plus heureux, à des
résultats bien plus étonnants encore...

ALCÉE.

Cela ne se peut... et quelque surprenantes,
quelque prodigieuses que soient vos connaissances... quoique les preuves que vous m'en
avez déja données aient de quoi confondre ma
raison... je ne croirai jamais que l'esprit humain puisse arriver à découvrir de pareils secrets...

LE COMTE.

Et si je le prouve cependant... si par exemple, je te disais qu'en ce moment, je vois aussi
clair que toi-même dans ta pensée!...

ALCÉE.

Eh bien... parlez... qu'y lisez-vous?

LE COMTE, prenant son lorgnon, regardant Alcée, et
parlant lentement.

Que je suis un fou, un extravagant , à qui
l'étude et les sciences abstraites ont troublé les
idées et brouillé la cervelle...

ALCÉE.

Grand Dieu!...

LE COMTE.

Et dans ta bonté... tu cherches les moyens

de me mettre entre les mains de ton médecin, le docteur Barneck, pour essayer de me guérir...

ALCÉE.

Je suis anéanti... confondu... c'est la vérité!... Mais c'est inouï... inconcevable...

LE COMTE.

Pas plus que beaucoup d'autres choses qui maintenant paraissent toutes simples, et auxquelles jadis on n'eût jamais ajouté foi... Car, vois-tu bien, l'homme appelle impossible tout ce qu'il ne comprend pas!... Si, il y a quelques centaines d'années, on leur avait parlé de s'élever dans les airs... ils auraient crié au sorcier, ils auraient brûlé Montgolfier... et maintenant une ascension de Garnerin ou de Robertson leur paraît si naturelle, qu'ils ne daignent plus même lever la tête pour la regarder... Et dans vingt-trois ans, quand on aura découvert le secret de diriger les ballons...

ALCÉE, vivement.

Dans vingt-trois ans?...

LE COMTE.

Oui, le 10 février 1856... Tout le monde trouvera ce secret-là si simple, qu'on ne s'étonnera plus que d'une chose... c'est de ne pas l'avoir découvert plus tôt... Et même de nos jours, il y a quelques années, si chez toi... le matin, pendant que tu prenais du thé... un homme était venu; qu'il t'eût dit, en te montrant cette fumée, cette légère vapeur qui s'échappait de la théière : « Avec cette puissance, je remuerai des masses; je les ferai mouvoir constamment... je ferai voguer des vaisseaux sur l'Océan, rouler sur la terre des chars pesants, immenses... qui devanceront les plus rapides coursiers...» tu aurais dit comme aujourd'hui, c'est un fou... un extravagant... et tu aurais cherché à le confier à ton médecin...

ALCÉE.

Ah! monsieur...

LE COMTE.

Et combien d'autres secrets l'homme ne peut-il pas encore arracher à la nature?... il n'en est pas que le temps, la patience et l'étude ne lui fassent découvrir... Mais, hélas! et j'en ai fait la triste expérience... en devenant plus savant, en augmentant la masse de ses connaissances, l'homme n'augmente point celle de son bonheur; au contraire... il en diminue les chances... et mes jours, que j'ai trouvé le secret de multiplier et de prolonger, ne m'offrent plus maintenant que triste réalité, ennui et dégoût! Les illusions qui te charment n'existent plus pour moi; on ne peut plus me tromper... je ne peux plus m'abuser moi-même... j'ai perdu l'erreur et l'espérance, ces deux mensonges de la vie, par qui l'on est heureux.

ALCÉE.

Vous détestez donc les hommes...

LE COMTE.

Non; l'un n'est pas plus méchant, plus en-

vieux, plus intéressé que l'autre... ils sont tous de même. Il en est un cependant, un seul... je te l'ai dit... et celui-là... peut compter sur moi, sur mon amitié... sur mon dévouement... jusqu'au moment où il deviendrait comme les autres...

ALCÉE.

Ah!... si je le croyais....

LE COMTE.

Tout est possible... mais ce serait dommage... Maintenant tu me connais... je n'ai qu'une parole, dispose de moi et de ce que je puis savoir; si cela te rend service... tant mieux! une fois du moins cela aura servi à quelque chose.

ALCÉE.

Eh bien! j'implore de vous... une faveur bien grande... mais qui est maintenant l'objet de tous mes vœux, de tous mes desirs... Des secrets que vous a livrés la science... je n'en demande qu'un... un seul... et pour un jour seulement...

LE COMTE, prenant son lorgnon.

Que veux-tu dire?

ALCÉE.

Ah! vous le savez déja... vous avez lu dans ma pensée.

Air : Ce que j'éprouve en vous voyant.

Accordez-moi cette faveur,
Ce don divin que je réclame...
La puissance de voir dans l'ame,
De lire jusqu'au fond du cœur...
Jugez donc pour moi quel bonheur !
Un chagrin que mon œil pénètre
Sera bien plus vite adouci !
Et le vœu secret d'un ami,
Si je desire le connaitre,
C'est pour qu'il soit plus tôt rempli (*bis*),
Pour qu'il soit plus vite accompli.

LE COMTE.

Y penses-tu?

ALCÉE.

Vous ne pouvez me refuser, j'ai votre parole...

LE COMTE.

Oui... mais j'ai le droit de conseil... et des secrets dont je pouvais te faire part, tu choisis le pire de tous... le plus dangereux... le plus terrible... Pour un instant peut-être de bonheur que tu lui devras par hasard, c'est la source et la cause de tous les maux... je le sais mieux que personne.

ALCÉE.

N'importe, vous me l'avez promis... je le demande... je le veux... ou je vais croire que vous êtes comme les autres hommes, et que vous aussi ne savez pas tenir vos promesses.

LE COMTE..

Eh bien donc!... et puisque tu es las d'être heureux... puisque tu l'exiges... mais pour deux heures seulement, et c'est déja trop... tiens, prends ce lorgnon... Par lui, tu liras et la pensée et l'avenir de chacun.

ALCÉE.

Est-ce possible!... Quel prodige!...

LE COMTE.

Un prodige!... Rien au monde de plus simple... et je vais t'expliquer... Silence, on vient.

ALCÉE.

C'est Birman, mon intendant.

SCÈNE VIII.

LES PRÉCÉDENTS, BIRMAN.

BIRMAN, arrivant par le fond à droite, à Alcée *.

Monsieur, le bijoutier que vous m'aviez dit de faire venir pour vos parures de noce, est arrivé depuis une demi-heure!

ALCÉE.

C'est bien!

BIRMAN.

Il est dans le parc, où je l'ai prié d'attendre...

ALCÉE, prenant le lorgnon et regardant Birman.

Ah! mon Dieu!...

BIRMAN.

Qu'avez-vous donc?

ALCÉE, regardant toujours.

Tu sais bien qu'il est dans le petit salon... où tu l'as fait asseoir... et où vous avez bu ensemble un flacon de vin du Rhin...

BIRMAN, déconcerté.

Je ne sais pas qui a pu dire... à monsieur... En tout cas... il n'y a pas de mal, j'espère, à faire rafraîchir un honnête joaillier, qui vient de la ville... et que du reste... je ne connais pas...

ALCÉE.

Si vraiment... tu le connais...

BIRMAN.

Je le connais... comme tout le monde, pour un homme de talent : voilà pourquoi je l'ai choisi...

ALCÉE, regardant toujours.

Et puis, parce qu'il t'a promis un pot de vin?...

BIRMAN.

Monsieur...

ALCÉE.

Un collier de cornaline... le présent de noce de ta fille... une générosité paternelle... qui ne te coûtera rien... et te fera honneur...

BIRMAN.

Monsieur le baron pourrait supposer...

ALCÉE, riant.

Je ne suppose rien... Voilà mot pour mot ce que tu penses...

BIRMAN.

C'est une indignité!... de me croire capable... moi qui, depuis quarante ans que je suis

* Le Comte, Birman, Alcée.

intendant de la famille... Aurais pu certainement, et bien facilement... et pour une fois par hasard que je...

ALCÉE.

Tu en conviens donc?...

BIRMAN, avec colère.

Eh bien! oui... je n'ai pas cru par là faire tort à monseigneur.

ALCÉE, riant et se frottant les mains.

Eh! qui te dit le contraire?... je ne t'en veux pas... je ne te fais pas de reproches... (A part et se promenant à grands pas.) Mais c'est divin... c'est charmant!... (A Birman.) A coup sûr, tu ne t'attendais pas...

BIRMAN, avec indignation.

Non, monseigneur... je ne m'attendais pas à cela de vous... et si monseigneur le baron, qui jusqu'à présent s'en rapportait à nous... se mêle lui-même de ses affaires... s'il fait ainsi espionner ses gens...

ALCÉE.

Espionner!...

BIRMAN.

Oui, monseigneur... vous ne l'avez su que comme ça; et puisque je vous suis suspect, puisque je n'ai plus votre confiance... j'aime mieux quitter la maison... je n'y resterai pas un jour de plus...

ALCÉE.

Y penses-tu?

BIRMAN.

Je prie monseigneur de me donner mon compte... les miens seront bientôt prêts ; et on verra si je suis capable...

ALCÉE, riant.

Eh! je n'en doute pas, te dis-je... je le vois...

BIRMAN.

Je reviens les apporter à monseigneur... et prendre congé de lui... pour jamais... parce-qu'après un tel affront... je ne pourrais plus... ni l'aimer, ni le servir comme autrefois... M'espionner, moi, Birman! je n'en peux plus, je suffoque.

(Il s'en va.)

ALCÉE, pendant qu'il s'éloigne, regardant le lorgnon avec admiration.

C'est admirable... c'est prodigieux.

AIR de l'Artiste.

Sa tête est renversée...
Par un don infernal,
J'ai lu dans sa pensée
A travers ce cristal!...
Sublime découverte !
Talisman enchanteur !

LE COMTE.

A qui tu dois la perte
D'un brave serviteur

ALCÉE , essuyant le lorgnon.

Laissez donc... Eh ! c'est mon ami Reynolds et sa charmante sœur !...

SCÈNE IX.

Les Précédents, REYNOLDS, ALIX [*].

REYNOLDS, entrant vivement.

Ah ! mon ami , mon cher Alcée... Je suis désespéré... indigné, furieux.

ALCÉE, avec intérêt.

Et pourquoi donc ?... qu'est-il arrivé ?...

REYNOLDS.

Que veux-tu? tous ces grands seigneurs sont tous de même... ce duc d'Arnheim... notre protecteur... je sors de chez lui... je viens de le voir...

ALCÉE.

Eh bien ?...

REYNOLDS.

Eh bien! cette place sur laquelle tu comptais... il faut y renoncer... Il l'a donnée à un autre... il me l'a refusée, à moi , qui la lui demandais...

ALCÉE, qui a pris son lorgnon et qui regarde Reynolds.

Pour ton propre compte... et non pour le mien.

ALIX.

Ah ! mon frère...

REYNOLDS.

Qu'oses-tu dire ?...

ALCÉE, lorgnant toujours.

Que c'est là , mon cher Reynolds , ce qui te désole en ce moment...

REYNOLDS.

C'est une indignité... quand tout-à-l'heure encore, je me disais... mon beau-frère...

ALCÉE, lorgnant toujours.

Est riche et n'a besoin de rien... tandis que moi !...

REYNOLDS , à Alcée.

C'est affreux ce que tu penses là ! Moi, qui te fais épouser ma sœur ; moi, qui ai tant d'amitié , tant de dévouement...

ALCÉE , de même.

Et tant de dettes que ce mariage doit payer.

REYNOLDS.

Quelle imposture !... Tu pourrais supposer que cette union desirée par moi...

ALCÉE, de même.

L'est encore plus par Muldorf, le tailleur ; Warbeck , le carrossier ; et sur-tout Fritman, le traiteur... (Riant en regardant le lorgnon.) C'est délicieux... impayable...

REYNOLDS , avec dignité et allant à lui [**].

Alcée... je ne te reconnais plus... Je te croyais bon enfant... je te croyais mon ami...

[*] Le Comte, Reynolds, Alix, Alcée.
[**] Le Comte , Alix , Reynolds. Alcée.

ALCÉE, riant.

Et je le suis toujours... ça n'y fait rien... (Riant.) Mais c'est égal... c'est amusant... et je suis bien aise de savoir... (A Reynolds.) Rassure-toi... je paierai tout ce que tu voudras... je te pardonne , et pourvu que j'obtienne la main d'Alix et sur-tout son amour...

ALIX.

Ah ! pouvez-vous en douter ! s'il est quelqu'un au monde que j'aime... vous savez bien que c'est...

ALCÉE, qui a pris son lorgnon et qui regarde.

Christian !... Qu'ai-je vu ?

ALIX.

Qu'avez-vous donc? perdez-vous la raison ?

ALCÉE, tremblant de colère et regardant toujours.

Oui... ce n'est pas moi... C'est Christian que vous aimez...

ALIX, riant.

Quelle folie!... venez ici, monsieur... et sur-tout ne me regardez pas ainsi en me lorgnant sans cesse, ce qui est du plus mauvais genre... voyons [*]... (Allant à lui et le regardant avec tendresse.) Ai-je donc l'air si indifférent pour vous... ai-je l'air de vous tromper ?...

ALCÉE.

Oh! non... pas ainsi... et toutes mes illusions reviennent, tout mon bonheur renait... Répétez-moi, Alix , que je m'abusais... que vous n'aimez pas Christian...

ALIX.

Réfléchissez donc un instant !... Si je l'aimais, monsieur , qui m'empêcherait de le prendre pour mari ?... Pourquoi ne pas l'épouser, je vous le demande... pourquoi?

ALCÉE , qui , pendant ce temps , a repris tout doucement son lorgnon, et qui l'a porté à ses yeux.

Parce qu'il n'a pas de fortune... ni vous non plus...

ALIX.

Quelle horreur !...

ALCÉE.

Lui-même vous a décidée à ce mariage... et vous ne m'épousez que pour vous conserver à lui... pour le retrouver un jour...

ALIX.

C'en est trop...

ALCÉE.

Mais je déjouerai vos calculs... et ceux de votre frère... Tout est rompu entre nous !... plus de mariage !... plus d'amitié !...

ALIX.

Monsieur... un tel outrage à nous, à notre famille !...

REYNOLDS, passant à la gauche d'Alcée.

Vous m'en rendrez raison...

ALCÉE.

Quand tu voudras... Aujourd'hui même...

[*] Le Comte , Reynolds, Alix , Alcée.

Air : Qu'il tienne sa promesse (du Serment).

ENSEMBLE.

ALCÉE, LE COMTE, REYNOLDS, ALIX.

ALCÉE *.

Plus d'ami, de maîtresse !
Ils osaient me trahir !
Et ma main vengeresse
Saura bien les punir.

LE COMTE.

Qu'un frère, une maîtresse,
Viennent à nous trahir ;
Se fâcher, c'est faiblesse,
Il faut s'en divertir.

REYNOLDS.

Plus d'hymen, de tendresse !
Il osait nous trahir !
Et ma main vengeresse
Saura bien le punir.

ALIX.

Plus d'hymen, de tendresse !
Il ose me trahir !
D'une indigne faiblesse
C'est à moi de rougir !

REYNOLDS, bas à Alcée.

Dans une heure, en ces lieux, au pistolet.

ALCÉE.

C'est dit.

REYNOLDS, à Alix.

Viens, quittons un ingrat, un ami faux et traître.

ALCÉE.

Ils m'accusent encor !

LE COMTE, à demi-voix, à Alcée.

Je te l'avais prédit.
Vois, grace à ce secret que tu voulus connaître,
Que de maux, d'ennemis, te surviennent soudain !

ALCÉE.

Tant mieux, guerre aux méchants !

LE COMTE.

C'est guerre au genre humain.

REPRISE DE L'ENSEMBLE.

ALCÉE.

Plus d'ami, de maîtresse,
Etc., etc.

REYNOLDS.

Plus d'hymen, de tendresse,
Etc., etc.

ALIX.

Plus d'hymen, de tendresse,
Etc., etc.

LE COMTE.

Qu'un frère, une maîtresse,
Etc., etc.

(Reynolds et Alix sortent par le fond. — Le Comte rentre
dans le pavillon.)

* Le Comte, Alcée, Reynolds, Alix.

SCÈNE X.

ALCÉE, puis MINA.

ALCÉE, se jetant sur une chaise, auprès de la table à
gauche du théâtre.

Jamais je n'ai souffert de tourments pareils...
Oui, c'est évident... ils me prenaient tous pour
leur dupe !... Cette Alix... qui, pour mieux en-
chaîner ma délicatesse, m'avait donné de son
amour des preuves... qui ne prouvent rien
maintenant !... et ce Christian dont j'admirais la
générosité... et qui, une fois marié, aurait con-
tinué à être l'ami de la maison... Aussi je me
vengerai d'eux sur tout le monde... (Mina, arrivant par le fond à droite.) Qui vient là ?

MINA, timidement *.

C'est moi, monseigneur...

ALCÉE, brusquement.

Que voulez-vous ?

MINA.

Je vous dérange...

ALCÉE, brusquement.

Eh ! non... vous le voyez bien... parlez...

MINA.

C'est donc vrai... ce que me disait mon père...
que vous n'êtes plus le même... quel dommage !... Vous, autrefois si bon maître, et que
tout le monde aimait...

ALCÉE, avec amertume, à part.

Oui... tout le monde... croyez cela !... (Haut.)
Et vous veniez...

MINA.

Vous faire mes adieux, monseigneur !

ALCÉE, avec plus de douceur, se levant et allant à elle.

Tes adieux !... j'ai cru que tu restais encore
ici...

MINA.

Mon père ne veut pas !... Il m'emmène avec
lui et va partir sur-le-champ, car il dit que
vous l'avez renvoyé, après quarante ans de
service dans cette maison...

ALCÉE.

Je n'y ai jamais songé... c'est lui qui veut
absolument s'en aller... ou plutôt c'est toi peut-
être... à qui il tarde déja de quitter ce château...

MINA.

Moi !

ALCÉE.

Tu es si pressée de te marier...

MINA, avec effort.

C'est possible !...

ALCÉE.

Tu aimes donc beaucoup ce M. Foster...
ce maître brasseur ?...

MINA, de même.

Oui, monseigneur, beaucoup !

ALCÉE, étonné.

Eh ! mais, tu me dis cela d'un ton... (Prenant

* Mina, Alcée.

son lorgnon et regardant Mina.) Ce n'est pas vrai...
tu ne l'aimes pas !...

MINA.

O ciel !... qui vous l'a dit ?...

ALCÉE.

Tu ne l'aimes pas... je le vois ; et, loin de
combler tes vœux, ce mariage te désole, te
désespère... te rend malheureuse. (Quittant le
lorgnon et prenant la main de Mina.) Toi malheureuse !... je ne le souffrirai pas... tu es ma sœur,
mon amie d'enfance... et si ton père veut te
contraindre...

MINA.

Ce n'est pas lui, monseigneur, c'est moi qui
veux ce mariage... qui y suis décidée... Il faut
que je me marie... il le faut...

ALCÉE.

Absolument ?...

MINA.

Et le plus tôt possible...

ALCÉE.

Est-elle étonnante !... Mais puisque tu n'aimes
pas celui-là...

MINA.

Qu'est-ce que ça fait ?...

ALCÉE.

Prends-en un autre...

MINA.

Ça sera de même !... je ne l'aimerai pas
davantage... et alors autant prendre M. Foster qui convient à mon père.... Il y aura du
moins quelqu'un à qui cela fera plaisir...
Mais, ne craignez rien... je ferai bon ménage...
je me conduirai en honnête femme... je vous
le jure... et si je souffre... si je pleure... personne ne s'en apercevra...

ALCÉE

Et tu commences déjà...

MINA, pleurant à chaudes larmes.

Ah ! dame ! je n'y suis pas encore... je n'ai
plus que cela de bon temps... et je puis bien en
profiter pour être malheureuse à mon aise...

ALCÉE.

Mais encore une fois, pourquoi es-tu malheureuse ?

MINA.

Ça, c'est mon secret... il mourra avec moi, et
personne ne le saura, ni mon mari, ni mon
père...

ALCÉE.

Ni moi ?...

MINA, vivement.

Oh ! non, certainement... jamais !...

ALCÉE, prenant son lorgnon.

C'est ce que nous allons voir !... (La regardant.)
O ciel !... c'est moi !... moi qu'elle aime !... qu'elle
a toujours aimé !... depuis son enfance... dans
tous les moments de sa vie...

MINA.

Qu'avez-vous donc ?

ALCÉE.

Rien... (Regardant.) C'est pour oublier cet
amour, qu'elle cherche en vain à combattre...
qu'elle veut aujourd'hui se sacrifier...

MINA.

Mais, monseigneur, qu'avez-vous donc à me
lorgner ainsi ?... Ne dirait-on pas que vous me
voyez pour la première fois, et que vous ne me
connaissez pas ?...

ALCÉE, allant à elle et lui prenant la main.

Oui, tu dis vrai... oui, je ne te connaissais
pas ! et si tu savais quelle surprise, quelle émotion j'éprouve...

MINA.

Et pourquoi donc ?... achevez... (Apercevant
Reynolds qui arrive par le fond à gauche.) Ah ! mon
Dieu... c'est M. Reynolds... il avait bien besoin
d'arriver !...

SCÈNE XI.

LES PRÉCÉDENTS, REYNOLDS*.

REYNOLDS, tenant une boîte de pistolets qu'il pose sur
une chaise, à droite du théâtre.

Je suis à vos ordres, monsieur...

ALCÉE.

Et moi aux vôtres !...

MINA, à Reynolds.

Qu'est-ce que cela veut dire ?... votre beau-
frère...

REYNOLDS.

Il ne l'est plus !

ALCÉE.

Le mariage est rompu !

MINA, avec joie.

Est-il possible ! (A part.) Ah ! mon Dieu !
qu'il a bien fait !...

REYNOLDS.

Et c'est pour cela que nous allons avoir ensemble un explication...

MINA, effrayée et tremblante.

Ah ! mon Dieu !... j'aime mieux qu'il l'é-
pouse !... (A Alcée.) Épousez-la, monseigneur...
épousez-la, je vous en conjure... une noble
demoiselle... si jolie, si aimable... quand elle
serait un peu coquette... qu'est-ce que ça fait ?...
ça vaut mieux que d'être...

REYNOLDS.

Vous êtes folle... Retirez-vous !

ALCÉE.

Oui, Mina... maintenant plus que jamais, ce
mariage est impossible... Laisse-nous.

MINA, clouée à la même place.

Je le voudrais... je ne le peux pas...

ALCÉE.

Laisse-nous, te dis-je... Ce ne sera rien...
ça s'arrangera... mais promets-moi de ne pas
partir avant mon retour...

* Reynolds, Mina, Alcée.

MINA.

Oh! je vous le promets... Nul pouvoir ne
l'arrachera de ce château... avant que... ô
mon Dieu!... mon Dieu!... (Joignant les mains.)
mon bon maître, épousez-la... (Geste de colère
des deux hommes.) (A Alcée.) Ce ne sera rien,
est-ce pas?... Je m'en vais, messeigneurs...
m'en vais... Ah! que les hommes sont méchants!...

(Elle sort par le fond.)

SCÈNE XII.

REYNOLDS, ALCÉE.

REYNOLDS.

Enfin, nous en voilà débarrassés... Partons...

ALCÉE.

Où irons-nous?...

REYNOLDS.

Où vous voudrez...

ALCÉE.

Eh! mais, nous sommes seuls... ici... Dans
ce jardin... Autant ne pas sortir de chez soi...
c'est plus commode!

REYNOLDS.

Comme il vous plaira...

(Prenant et chargeant les pistolets.)

ALCÉE.

A la grace de Dieu... quant à l'issue du
combat...

REYNOLDS.

Dieu seul le sait!...

ALCÉE, prenant son lorgnon.

Et moi aussi peut-être... (Regardant.) Juste
ciel!... je dois le tuer!... La balle l'atteindra...
là, à la tempe gauche... et dans cinq minu-
tes... il n'existera plus!...

REYNOLDS, lui présentant les pistolets.

Voici!... Eh bien! qu'avez-vous donc?...
quelle émotion...

ALCÉE.

Ce n'est rien! Tenez, Reynolds... nous étions
unis.. et nous ne le sommes plus... mais cela
ne m'empêche pas de vous donner un bon
conseil... Croyez-moi : ne nous battons pas...

REYNOLDS.

Comme tu voudras!... je ne demande pas
mieux! Après un bon déjeuner comme celui
de ce matin, un duel trouble toujours la di-
gestion... et moi, tu le sais, j'aime à vivre et
bien vivre...

ALCÉE.

Raison de plus...

REYNOLDS.

Tu épouses donc ma sœur?...

ALCÉE.

Nullement!... Mais sans être beaux-frères...
on peut bien...

REYNOLDS.

Non, morbleu!... point d'accommodement...

ALCÉE.

Mais... écoute-moi...

REYNOLDS.

Je n'entends rien... je ne suis pas comme
toi... je n'ai qu'une parole... J'ai promis ce
mariage à une foule de gens qui y comptent...

ALCÉE.

Je te dis que j'ai la main malheureuse et que
je te tuerai...

REYNOLDS.

C'est à eux que cela fera du tort... En at-
tendant, il y va de mon honneur... et si tu
n'es pas un lâche...

ALCÉE, lui arrachant le pistolet.

Moi... un lâche!...

REYNOLDS.

Prouve-moi le contraire... j'y consens...

ALCÉE.

C'est toi qui le veux... et puisque, malgré
mes avis... malgré mes conseils...

REYNOLDS, se plaçant au fond du théâtre à droite.

Moi, je ne t'en donne qu'un, tâche de viser
juste... Allons, y es-tu?

ALCÉE.

Non... non... je ne le puis... (A part.) L'im-
moler de sang-froid... et à coup sûr... et sans
danger pour moi... Ce n'est plus un combat...
c'est un assassinat...

REYNOLDS.

Eh bien! as-tu fait tes réflexions?...

ALCÉE.

Oui... (A part.) Je serais responsable de son
sang devant Dieu et devant les hommes... (A
Reynolds.) Écoute... dis et pense tout ce que
tu voudras... mais quand il s'agit de s'épar-
gner des reproches éternels... quand on n'o-
béit qu'à la voix de sa conscience... peu importe l'opinion du monde... je ne me battrai
pas avec toi... Adieu...

(Il jette le pistolet sur la table, et sort par le fond à droite.)

SCÈNE XIII.

REYNOLDS, CHRISTIAN, ET AUTRES JEUNES
GENS qui sont entrés par la gauche, à la fin de la
scène précédente, et qui ont vu sortir Alcée.

REYNOLDS, stupéfait.

Eh bien! par exemple...

CHRISTIAN.

Où va donc ainsi notre ami Alcée?...

REYNOLDS.

Notre ami Alcée... est un lâche et un pol-
tron qui refuse de se battre...

CHRISTIAN.

Est-il possible!...

REYNOLDS, ramassant le pistolet.

Vous l'avez vu!... et j'ai eu beau faire... je
n'ai jamais pu l'y déterminer... Peu content de
rompre avec moi, d'abandonner ma sœur, de

nous outrager tous... (A Christian.) Toi le premier...

CHRISTIAN.

Moi !...

REYNOLDS.

Oui, mes amis... depuis ce matin, vous ne le reconnaîtriez pas... lui, qui était un si brave garçon, que nous chérissions tous... est devenu méchant... mauvaise langue... répandant contre nous des calomnies atroces !

CHRISTIAN.

Est-il possible !...

REYNOLDS.

Comme on s'aveugle cependant !... Je croyais bien que je pouvais compter sur celui-là !...

CHRISTIAN ET LES AUTRES.

Et moi aussi !

REYNOLDS.

Mais nous lui apprendrons à nous méconnaître... à nous outrager... D'abord, je le perdrai de réputation... vous m'y aiderez...

CHRISTIAN.

Certainement... Je vais répandre qu'il a refusé de se battre... je le dirai par-tout...

TOUS.

Et nous aussi.

REYNOLDS.

C'est ça, et dès ce soir, dans notre petite ville, tout le monde le saura... ne perdez pas de temps, partez... Moi, pour commencer, je vais régaler de cette joyeuse histoire M. le comte Albert, son protecteur... que j'aperçois !...

(Ils sortent tous.)

SCÈNE XIV.

LE COMTE, sortant du pavillon. REYNOLDS.

REYNOLDS.

Arrivez donc, noble étranger ! vous qui savez tout, vous ne vous doutiez pas, j'en suis sûr, qu'au nombre de ses brillantes qualités, notre ami Alcée possédait une prudence si grande qu'elle l'empêche...

LE COMTE, froidement et prenant une prise de tabac.

De vous faire sauter la cervelle...

REYNOLDS, étonné.

Hein !... que dites-vous là ?

LE COMTE, de même.

Que je le blâme comme vous, et qu'il a eu grand tort... car dans ce moment vous ne pourriez plus dire de mal de lui...

REYNOLDS, souriant à moitié.

Vous croyez ?...

LE COMTE.

Comme si je le voyais... Vous l'auriez manqué... et lui vous aurait touché ici, à la tempe gauche... d'une balle qui aurait enlevé à vos créanciers leur seule hypothèque...

REYNOLDS.

Monsieur plaisante toujours...

LE COMTE.

Pas plus que ce matin, quand je vous ai annoncé la chute de cheval de votre ami Henri.. Je crois vous avoir précisé...

REYNOLDS.

Très bien... la troisième côte...

LE COMTE.

Aussi à gauche...

REYNOLDS, s'efforçant de sourire.

C'était d'une exactitude parfaite... et pour ce qui me regarde, vous pensez que c'est...

LE COMTE.

Aussi réel... aussi vrai que le papier cacheté que l'on vous a remis il y a un quart d'heure et que vous avez encore là, dans votre poche..

REYNOLDS, fouillant dans sa poche.

C'est juste... ce maudit duel me l'avait fait oublier...

LE COMTE.

Papier qui vient de votre notaire, et qui vous apprend la mort de votre grand oncle décédé sans testament...

REYNOLDS, avec joie.

Vous croyez... Ma main tremble en brisant ce bienheureux cachet noir... Oui, vraiment.. nous héritons ! ma sœur et moi !... nous héritons ! Ah ! monsieur, mon cher monsieur !.. vous aviez raison... quelle folie c'eût été à moi de me battre, de me faire tuer !...

LE COMTE, avec sang-froid.

Eh ! mais, il n'est pas dit que cela n'arriver pas...

REYNOLDS, tremblant.

O ciel !... qu'est-ce que cela signifie ?...

LE COMTE.

Que méconnaissant la générosité d'Alcée vous l'avez traité de lâche, vous l'avez déshonoré aux yeux de tous... et que, poussé à bout il pourrait bien... aujourd'hui même...

REYNOLDS.

Je ne puis le croire...

LE COMTE.

Du reste, si vous y tenez... je puis examiner et vous dire au juste...

REYNOLDS, avec effroi.

Non... non, n'achevez pas... Certainement je ne suis pas plus timide qu'un autre... et ce matin, quand je n'avais rien, je me serais battu comme un enragé... Mais maintenant, songez donc... un héritage... une belle fortune... c'est bien différent... et j'espère que mon ami Alcée continuera à être bon enfant... et ne se fâchera pas... (Regardant vers le fond à droite.) C'est lui que j'aperçois au bout de cette allée... il a l'air furieux !

LE COMTE.

Il vous cherche sans doute...

REYNOLDS, effrayé.

Je ne veux pas alors, dans le premier moment... vous tâcherez de le calmer, de l'apai

ser... vous êtes son ami... vous êtes le mien...
car je vous aime... je vous estime...

LE COMTE, secouant la tête.

Je ne crois pas...

REYNOLDS.

Eh bien!... je vous crains... je vous crains
comme le feu... (A part.) Ce diable d'homme,
on ne peut jamais le tromper... (Au comte.) Tâ-
chez d'arranger cela à l'amiable... Le voilà...
je m'en vais.

(Il entre dans le pavillon.)

SCÈNE XV.

ALCÉE, LE COMTE.

ALCÉE, entrant en colère.

Morbleu!... c'est à faire abhorrer l'espèce
humaine... c'est à se détester soi-même... c'est
à rougir d'être homme.

LE COMTE.

Eh! mon Dieu! qu'y a-t-il?

ALCÉE.

Je viens de la ville... dont je n'ai fait que
traverser la grande rue... mais j'avais ce lorgnon, que je tenais à la main...

LE COMTE.

Je comprends alors.

ALCÉE.

Et si vous saviez tout ce que j'ai lu à découvert sur toutes ces physionomies... pas un sourire qui ne cachât une fausseté... pas un regard
d'amitié qui ne fût une trahison... Ces gens
qui me serraient la main, me détestent... ces
jeunes dames, qui me saluent d'un air enchanté, me trouvent sot, maniéré, préten-
tieux... les grand'mamans elles-mêmes, les
grand'mamans, que je croyais désintéressées,
songent à ma fortune pour leurs petites-filles!...
Et jusqu'à mon cousin Blumshal, qui, me
voyant tout ému et tout bouleversé de tant
d'horreurs... vient à moi les bras ouverts, et
s'écrie avec un air d'intérêt: « Qu'as-tu donc,
« cousin?...ta pâleur m'effraie... » Tandis qu'en
lui-même, le traître se disait avec joie : « Dieu !
« s'il était attaqué de la poitrine ! »

LE COMTE.

Et cela te surprend?...

ALCÉE.

Oui, cela m'indigne... cela me rend furieux
contre moi-même, qui les aimais tous... qui
les aimais de confiance... et qui étais si heureux d'être leur dupe!...Enfin, croiriez-vous
que depuis que je possède ce maudit lorgnon,
de tous ceux que j'ai aperçus, parents, amis,
connaissances, je n'ai rencontré qu'une personne qui m'aimât réellement... Une seule...

LE COMTE, vivement.

Tu en as rencontré une!... et tu te plains
des hommes et de la Providence, ingrat que
tu es!... J'ai cherché pendant quarante ans...
et j'attends encore!

ALCÉE, avec joie.

Est-il possible !... Et moi dès le premier
jour!... C'est cette petite Mina... ma sœur de
lait, qui tout-à-l'heure, me voyant de retour,
cherchait à cacher sa joie et sa tendresse...
Mais je lisais dans son cœur... je voyais quel
amour naît, pur, désintéressé... Ah! quel malheur que je sois noble! que je sois baron...
et qu'elle ne soit que la fille de mon intendant!... Il n'y a pas moyen de jamais songer
à l'épouser, mais son souvenir du moins me
consolera de toutes mes peines...Séparé d'elle..
je me dirai : « Il y a un cœur qui m'est dé-
voué... qui m'aimera toujours... »

LE COMTE.

Tu le crois !... alors rends-moi ce talisman...

ALCÉE.

Et pourquoi?

LE COMTE.

Pour conserver encore une illusion... Car
qui sait, non pas maintenant, mais si demain... après demain, Mina elle-même...

ALCÉE.

Tais-toi... tais-toi... tu me désenchantes de
tout...

LE COMTE.

Eh bien! que te disais-je? comprends-tu
maintenant pourquoi je suis le plus malheureux des hommes?... Tu n'as pas voulu me
croire ; et toi, qui ce matin avais tous les biens
en partage... tu viens de perdre en quelques
heures, serviteur, ami, maîtresse, réputation...
et plus encore, la confiance... le repos de
l'ame.

ALCÉE.

C'est pourtant vrai... et comment désormais
retrouver tout cela?

LE COMTE.

Comment ?

AIR : Quand l'amour naquit à Cythère

En retrouvant l'illusion première,
Qui fit ta joie et ta sécurité ;
Car ici-bas, vois-tu bien, sur la terre,
On est heureux, non par la vérité,
Mais par l'erreur... C'est elle qui sans peine,
Te fit rêver constance, amour, plaisir...
Que ton sommeil un seul instant revienne,
    Et tes rêves vont revenir.

ALCÉE.

Vraiment !

LE COMTE.

Mais pour cela, je te l'ai dit, rends-moi ce
que je t'ai imprudemment confié.

ALCÉE, hésitant à lui rendre le lorgnon.

Vous croyez?

LE COMTE.

J'en suis sûr.

ALCÉE, prêt à le lui rendre.

Eh bien!... (Il voit Mina qui vient par le fond à

gauche.) Dieu! c'est Mina! (Au Comte.) Encore un instant, un seul, et j'y renonce avec joie et pour toujours...

(Mina entre et s'arrête un instant; le Comte regarde Alcée, ainsi que Mina, avec attention, puis il sourit et sort par le fond. — Musique.)

SCÈNE XVI.

ALCÉE, MINA.

ALCÉE a pris son lorgnon, contemple Mina sans rien dire, et exprime seulement par ses gestes l'émotion qu'il éprouve.)

Oui... oui... c'est bien cela! J'en étais sûr... je ne m'étais pas trompé!...

MINA, s'approchant de lui timidement.

Grace au ciel, monseigneur, il ne vous est rien arrivé de fâcheux... nul danger ne menace plus vos jours, n'est-il pas vrai?

ALCÉE.

Aucun!...

MINA.

J'en suis bien contente! alors je m'en vais....

ALCÉE.

Et pourquoi donc?

MINA.

Pour me marier...

ALCÉE.

Te marier!... (A part.) Ah! voilà encore un tourment que je ne connaissais pas... Moi, jaloux... jaloux de M. Foster...

MINA.

Mon prétendu demande à vous être présenté...

ALCÉE.

A moi!...

MINA.

Il est là avec mon père... dans cette allée... il attend...

ALCÉE, avec colère.

Eh! morbleu! qu'il attende!

MINA.

Il ne peut pas! il dit qu'il est pressé... Voyez-le, monseigneur... il n'est pas beau... mais c'est un si honnête homme... sage, rangé... qui a un si bon caractère... une si bonne conduite!... (A Alcée qui s'est approché de l'allée à gauche et a regardé avec son lorgnon.) L'apercevez-vous?... un grand, avec de gros favoris.

ALCÉE, qui a regardé attentivement.

O ciel!... c'est là l'homme que tu épouses... cet homme si sage... si rangé .. qui a un si bon caractère!...

MINA.

Oui, monseigneur...

ALCÉE, avec chaleur.

Ne l'épouse pas, Mina... je t'en supplie...

MINA.

Et pourquoi donc?

ALCÉE.

Il est méchant, colère...

MINA.

Vous ne le connaissez pas...

ALCÉE.

C'est un joueur... un libertin...

MINA.

Ce n'est pas vrai!...

ALCÉE, regardant toujours.

Je le vois, te dis-je... je le vois... O ciel! quel sort affreux te menace!... et si tu en doutes encore... tiens, tiens... vois plutôt... vois toi-même. (Il prend Mina par la main, la mène de force en face de l'allée, et lui met le lorgnon devant les yeux.)

MINA, poussant un cri.

Ah!... (Elle arrache brusquement le lorgnon de la main d'Alcée, et redescend vivement le théâtre en l'examinant.) Qu'est-ce que cela signifie?

ALCÉE *.

Tais-toi... tais-toi!... Un secret que tu dois ignorer... et que malgré moi tes dangers m'ont forcé de trahir... oui, ce cristal magique fait lire dans la pensée et dans l'avenir...

MINA, avec joie.

Ah! que c'est gentil!... quel bonheur...

ALCÉE.

Et maintenant que tu en as fait l'épreuve, j'espère que tu renonceras à un pareil mariage!... Toi, si bonne, si jolie... je ne veux pas que tu sois malheureuse... c'est bien assez que je le sois à jamais... Et puisqu'il faut te quitter... puisqu'il faut que tu sois à un autre... je veux du moins que celui-là...

MINA, qui, pendant ce temps, a pris le lorgnon et regardé Alcée.

O ciel!... qu'ai-je vu?...

ALCÉE, vivement.

Qu'as-tu donc?...

MINA, lui faisant signe de la main de ne pas la déranger.

Rien! rien! (Regardant toujours et avec la plus grande émotion.) Il m'aime... il m'aime d'amour! lui... mon jeune maitre... il n'aime que moi..

ALCÉE.

Qu'oses-tu dire?...

MINA, avec contentement.

Ah! je le vois bien... (Regardant toujours.) Il voudrait m'épouser... mais je ne suis que la fille de son intendant... il n'ose pas... il hésite... il balance... il se décide... je serai sa femme!...

ALCÉE, tombant à ses genoux.

Oui, Mina; oui, ma femme bien-aimée!... je t'aime!

MINA, le regardant avec le lorgnon.

C'est que c'est vrai!... (A Alcée, avec tendresse.) Et moi aussi... (Voulant lui donner le lorgnon.) Tenez, tenez... regardez.

* Alcée Mina

ALCÉE, repoussant le lorgnon.

Ah !... je n'en ai pas besoin... je n'en veux plus !... je ne veux plus croire que toi seule ...

SCÈNE XVII.

LES PRÉCÉDENTS, BIRMAN.

BIRMAN.

Ah ! mon Dieu !... Monseigneur aux pieds de ma fille !... tandis que ce pauvre Foster est là à attendre...

ALCÉE, à demi-voix.

Silence... renvoie monsieur Foster... j'ai pour toi un autre gendre... et ce gendre, c'est moi !...

BIRMAN, tout étonné.

Vous, monseigneur ! Je reste stupéfait... confus... et presque affligé...

MINA, qui, pendant ce temps, est au coin du théâtre à gauche, le regardant avec son lorgnon.

Il est ravi et enchanté...

BIRMAN.

Beau-père d'un baron... c'est trop d'honneur pour moi...

MINA, de même.

Du tout ! vous trouvez que vous méritez bien cela, et que vous ne vous en tirerez pas plus mal qu'un autre.

BIRMAN, interdit.

C'est possible... mais que dira le monde ?... que diront vos amis... eux qui déja s'égaient à vos dépens, qui attaquent votre réputation, et disent par-tout que vous avez refusé de vous battre...

ALCÉE.

Moi !... c'est ce que nous allons voir...

BIRMAN.

Et tenez, les voilà tous qui viennent prendre congé de vous...

SCÈNE XVIII.

LES PRÉCÉDENTS, REYNOLDS, CHRISTIAN, ALIX, LE COMTE, JEUNES GENS amis d'Alcée.

CHOEUR.

AIR : Vive l'empereur ! (de PAUL PREMIER.)

A l'ancien ami
Qui règne ici,
Avec franchise
Nous venons gaiment
Présenter notre compliment...
Oui, de l'amitié
Il eut pitié,
Et sa devise
Est d'être prudent,
Afin de vivre longuement.

(Ils saluent tous Alcée, et se disposent à s'en aller.)

ALCÉE, les arrêtant.

Un instant, messieurs... Je réclame, avant

* Birman. Alcée. Mina.

votre départ, une explication où votre présence est nécessaire.

REYNOLDS, à part *.

Ah ! mon Dieu !

ALCÉE.

Comme vous le disiez tout-à-l'heure... par égard pour les nœuds qui nous unissaient au trefois, j'ai fait tous mes efforts pour éviter un combat entre deux amis... mais puisque ma modération est mal interprétée, puisque l'on ose ici douter de mon courage... c'est moi maintenant qui demande raison à M. Reynolds...

REYNOLDS, à part.

O ma pauvre succession !...

ALCÉE.

Et, comme l'offensé, j'ai le choix des armes... je prends l'épée... (A part.) J'ignore ce qui en arrivera... ainsi, grace au ciel, je n'ai rien à me reprocher...

LE COMTE, lui prenant la main.

C'est bien !...

CHRISTIAN.

Je suis son témoin... Allons, messieurs, partons.

REYNOLDS, les arrêtant.

Messieurs... je demande la parole... J'ai fait mes preuves, et certainement je crains peu l'issue de ce combat...

MINA, dans le coin à droite, et lorgnant toujours.

Il a une peur horrible !...

REYNOLDS.

Mais mon honneur m'oblige à reconnaître hautement que je me suis trompé sur mon ami Alcée ; qu'en voulant assoupir une affaire dont l'éclat pouvait nuire à la réputation de ma sœur, il a agi en galant homme... en ami... loyal... je le tiens pour homme de cœur... (Il s'approche d'Alcée, qui lui donne une poignée de main ; puis se tournant vers les autres.) Et si maintenant, messieurs, quelqu'un de vous en doute... c'est moi qui suis là pour lui répondre... (A part.) Avec eux je n'ai pas peur... (Haut.) Quant à ma sœur, voilà Christian qui l'aimait et qui me la demande en mariage...

ALCÉE.

Lui qui est sans fortune !...

CHRISTIAN.

Qu'importe, quand on aime !... Je ne demande rien que sa main...

MINA, le lorgnant.

Et l'héritage qu'elle vient de faire... et qu'il connait déja...

ALCÉE.

C'est comme moi, mes amis... peu m'importe l'opinion du monde... (Prenant Mina par la main.) Voilà ma femme que je vous présente.

* Alix, Christian, Reynolds, le Comte, Alcée, Mina, Birman.

REYNOLDS, *regardant les autres et riant, puis se tournant vers Alcée.*

Et tu as raison...

TOUS, *à Alcée et saluant Mina.*

Tu fais bien... tu fais...

MINA, *les lorgnant et achevant leur phrase.*

Une sottise... (*Se reprenant et saluant.*) Ces messieurs sont bien honnêtes.

ALIX.

Et moi, madame la baronne, je suis enchantée...

MINA, *de même.*

Elle enrage.

ALIX, *continuant.*

Que nous épousions chacune celui que nous aimons... car Christian est mon premier amour.

MINA, *lorgnant.*

C'est-à-dire son second... car un autre déjà... Ah ! mon Dieu ! Alcée!... (*Donnant le lorgnon à Alcée.*) Tenez, tenez, monsieur... je n'en veux plus... je ne veux plus rien savoir.

ALCÉE.

Ni moi non plus.

LE COMTE.

Et vous avez raison... vous ferez bon ménage.

(*Mina pose le lorgnon sur la table à gauche.*)

CHOEUR GÉNÉRAL.

AIR : Pour l'honneur et la France.

Confiant et sincère,
N'en pas croire ses yeux,
Voilà, sur cette terre,
Le moyen d'être heureux.

LE COMTE, *au public.*

AIR : Au soin que je prends de ma gloire

L'auteur me charge de vous dire
Qu'humble et soumis à votre arrêt,
Il abandonne à la satire
L'invraisemblance du sujet...
Que ce n'est qu'un léger proverbe...

MINA, *qui a pris le lorgnon, et qui, pendant le couplet, a regardé le Comte.*

Il ment... et veut dire par là :
« Je trouve la pièce superbe ;
« Vous, messieurs, applaudissez-la. »

FIN DU LORGNON.

PARIS. — IMPRIMERIE NORMALE DE JULES DIDOT L'AÎNÉ,
n° 4, boulevart d'Enfer.

www.ingramcontent.com/pod-product-compliance
Lightning Source LLC
LaVergne TN
LVHW011014180726
843502LV00007B/2541